ETHEREUM

breve história e suas possibilidades

Marcos José Porto Soares
2022

Ethereum: breve história e suas possibilidades.

Marcos José Porto Soares
Promotor de Justiça do Ministério Público do Paraná. Mestre em Raciocínio Probatório pela Universidade de Girona- Espanha e Gênova Itália. Curso em Extensão em Programação de Contratos Inteligentes em Blockchain para o Direito pela PUC-RJ. Coordenador do Grupo de Pesquisas de Inovação, Direito e Novas Tecnologias do Ministério Público do Paraná.

Apresentação: O presente trabalho tem a finalidade de descrever como foi a criação da blockchain da Ethereum. Demonstra a sua potencialidade, como precursora dos *smart contracts*, tecnologia capaz de reconfigurar a nossa sociedade. É apresentada a história do seu desenvolvimento bem como as suas ilimitadas possibilidades. Uma viagem fascinante na sua tecnologia, mas sobretudo, no desejo de seus desenvolvedores em transformar o mundo num lugar descentralizado e justo.

Sumário

1. Introdução ao mundo das blockchains
2. Breve história da Ethereum e os Smart Contracts
3. Repercussão na Justiça
4. Considerações Finais.

1- INTRODUÇÃO AO MUNDO DAS BLOCKCHAINS

Confia-se às instituições financeiras a guarda do dinheiro; confia-se ao Uber a chegada de um motorista para te levar ao local desejado; confia-se às plataformas de e-commerce a compra ou venda de um produto; confia-se ao Estado tantas coisas, confia-se ao Poder Judiciário para fazer valer um contrato não cumprido. Confia-se às redes sociais, que são empresas privadas, os seus dados pessoais, a sua rotina, os acontecimentos da sua vida. Confia-se às empresas de telefonia ou provedores de internet as informações que chegam e até as mensagens que desejam ser passadas.

O dilema sobre a necessidade da intervenção de um terceiro para que as relações entre as pessoas sejam estruturadas numa base de confiança passou nas últimas décadas a ser questionado em três aspectos. Primeiro, pelo custo econômico elevado desta intervenção, retirando o lucro de quem é realmente o criador do valor. Segundo, pela concentração dos dados e, portanto, de poder em quem controla os registros e valida essas operações. E o terceiro, a própria crise de confiança nas instituições.[i] Diz Nick Szabo que um terceiro confiável é aquele que não existe.[ii]

Até o início do século XXI, não havia notícias da criação de um sistema que eliminasse estes terceiros, e que reforçasse a confiança entre as pessoas diretamente.

A crise econômica acentuada em 2008 com a quebra de confiança nas instituições financeiras, foi um dos fatores explícitos para a criação da primeira blockchain. Curiosamente no whitepaper escrito pelo pseudônimo de Satoshi Nakamoto, em 2008 – o documento em que estabeleceu as diretrizes da primeira blockchain que foi a do *bitcoin* – em nenhum momento foi mencionada a palavra *blockchain*. O que se percebeu é que para a circulação e transferência desta criptomoeda era necessária uma estrutura de registro de informações em blocos que se encadeavam, confirmadas e validadas por um sistema de consenso descentralizado.

Para ser implementada a primeira blockchain e chegar a este grau de confiabilidade foi necessário haver certa condição tecnológica, com a disposição de algumas ferramentas como as redes de internet P2P, a criptografia (sistemas de chave pública e privada), a assinatura digital e o protocolo de consenso (no caso o da prova de trabalho - *proof of work*[iii]).

Uma blockchain como conceitua Primavera de Filipe e Aaron Wright é uma base de dados descentralizada mantida por uma rede distribuída de computadores.[iv] É uma nova maneira de implementar base de dados; em vez de uma empresa ou governo controlar o acesso às informações, um livro razão é compartilhado e espalhado por meio dos discos rígidos de computadores distribuídos pelo mundo. [v]

O que é armazenado numa blockchain pode se acessado em qualquer horário e lugar do mundo, além das transações poderem se concretizar em minutos, não em dias, semanas ou meses, como nas negociações tradicionais. Tal como a internet facilitou a vida das pessoas a partir dos anos 2000, a blockchain dá nova tração à eficiência na terceira década deste milênio.[vi]

Com a blockchain a confiança deixa de ser depositada numa pessoa ou no Estado para ser garantida por uma engrenagem descentralizada. Passa-se a confiar num mecanismo e na maioria das pessoas que fazem parte dele, e não na palavra ou comportamento de uma pessoa.

Em 2015, o The Economist [vii] já noticiava o extraordinário potencial da blockchain como uma grande inovação para superar a diminuta confiança da sociedade às corporações. Lawrence Lessig asseverou que as blockchains são a mais importante inovação desde que os tubos de internet foram inventados. E outros compararam a importância das blockchains ao advento da Magna Carta, diante do seu potencial em reconfigurar toda a atividade humana.[viii]

2. BREVE HISTÓRIA DA ETHEREUM E OS SMART CONTRACTS

Cinco anos após Satoshi Nakamoto trazer ao mundo a ideia do Bitcoin almejando um futuro sem o controle do intermediário e com maior distribuição de poder, um jovem chamado Vitalik Buterin além de abraçar as vantagens do bitcoin como moeda digital propôs o uso da blockchain para outras atividades. Contratos jurídicos, transações financeiras e comerciais, e um numero infinito de produtos e serviços poderiam, com a sua criação – a Ethereum – , ser inseridos e executados numa blockchain.

A ideia de criar a blockchain do Ethereum passou a sondar a cabeça de Vitalik Buterin em 2013. Neste ano em viagem pela Espanha, Holanda e Israel encontrou pessoas que já davam passos tanto para a criação de uma internet aberta, sem um controle central[ix], como também debatiam como alargar os limites do Bitcoin. Havia a percepção de que as qualidades da tecnologia blockchain que serviam ao bitcoin – tais como não haver um ponto central que pudesse falhar, ser incensurável, imutável, e com o condão de eliminar os intermediários – poderiam ser usadas para outras tarefas além da criação e circulação de uma criptomoeda.[x] Imaginavam que instrumentos financeiros como ações, commodities e outras representações de valor, escrituras de propriedades e registros médicos poderiam ser inseridos na blockchain. Na época pensavam em aproveitar a própria estrutura do Bitcoin, numa proposta em criar um Bitcoin "2".[xi]

Vitalik Buterin ficou fascinado com esta visão e se aproximou de equipes que poderiam desenvolver esses projetos, como o Colored Coins e o Mastercoin.

Em Israel Vitalik conheceu a equipe do Colored Coins [xii] e para eles elaborou um artigo. Assinalou que os dados distribuídos, assegurados por uma criptografia *proof of work*, era vantajoso demais para servir apenas para suprir uma moeda, e que esta tecnologia poderia ser usada para registrar e validar negociação envolvendo qualquer coisa que pudesse ser representado por um ativo digital, como títulos de propriedade, ações de empresa e depósitos bancários. E que na blockchain ainda poderiam ser implementados, com confiança e sem complexidade (a complexidade iria depender de cada aplicação individual), contratos futuros, apostas e seguros[xiii]. Quanto à parte estrutural da blockchain, em vez de adicionar funcionalidades para o protocolo, seria melhor construir uma camada flexível que permitisse qualquer pessoa criar o que fosse do seu interesse. Mas para tanto seria necessário um protocolo adicional, e não somente a estrutura já existente do *Bitcoin*.

A proposta da Colored Coins [xiv] era usar a rede do bitcoin para ativos digitais do mundo real; ações ou títulos como hipotecas poderiam ser transferidos de um dono para outro da mesma forma que se transfere um *bitcoin*[xv]. Planejaram dividir o Bitcoin em duas camadas. A camada inferior faria exatamente o mesmo caminho que é feito para mover bitcoin, e a camada de sobreposição serviria como garantia para distintos instrumentos encapsulados num desenho que se chamaria *colored coins*.

Todavia o projeto havia uma limitação, é que por meio da tecnologia que estava sendo desenvolvida só poderia ser enviado um ativo digital de forma imediata, sem ser possível a remessa estar condicionada a um evento futuro. Por exemplo, não seria possível estipular que a entrega de um ativo representando sacas de milho estaria condicionado a um fator climático, ou outro fato futuro. Este fator fez Vitalik procurar outras iniciativas.

Neste caminho encontrou o projeto chamado Mastercoin. Percebeu que era mais eficiente que o Colored Coins, permitindo aos usuários realizar transações também relacionadas a datas futuras, rompendo o limite das transações imediatas do bitcoin.[xvi] No Mastercoin viu a possibilidade de colocar apostas dependentes de resultado futuro (como o de um jogo de futebol americano), e o vencedor ser pago automaticamente caso ocorra o advento para o qual apostou.

No entanto a estrutura do Mastercoin era um sistema complexo com muitas funcionalidades, cada uma para cada tarefa, o que se assemelhava a um canivete suíço, conforme Vitalik. [xvii] Na sua visão seria muito mais eficiente se a tecnologia fosse uma só, mais abrangente e aberta, que permitisse uma variedade de transações com uma única funcionalidade. Em vez de criar um canivete suíço (que tem várias funcionalidade mas é limitado) e talvez seja usado para uma só finalidade (um abridor de latas, e para nada mais), por que não disponibilizar blocos de lego que permitissem os usuários fazerem o que quiserem, conforme a necessidade.[xviii]

A equipe da Mastercoin não acolheu a proposta de Vitalik, entendeu que não era o momento de mudar o rumo do que já estava em construção. [xix]

No final do ano de 2013, não encontrando ambiente para desenvolver a sua visão de uma blockchain, e com este insight a respeito da generalização das funcionalidades[xx] – no sentido que a construção de uma camada geral e simples sobre a já construída no bitcoin possibilitaria realizar qualquer tarefa que pudesse ser transmutada em código computacional – , Vitalik, com apenas dezenove anos de idade, decidiu seguir seu próprio caminho, e construir uma nova blockchain.

Em Novembro de 2013, em São Francisco na Califórnia, enquanto caminhava por parques e ruas da cidade, pensava em uma questão importante para o seu projeto.[xxi] Como a blockchain que pretendia desenvolver serviria para uma gama infinita de usuários teria que ser criado um mecanismo para que a rede não travasse com o uso das pessoas e por ataques maliciosos que poderiam acionar a máquina numa espécie de loop infinito.[xxii] Foi quando veio a ideia do éter (ether), o qual seria o gás, uma quantia pequena de criptoativo, necessária para usar a blockchain. Quem quisesse, portanto, usar a rede global de computadores da blockchain teria que pagar por isso. Tal medida evitaria uso desnecessário e também tornaria muito dispendioso para que uma pessoa de má-índole mandasse, por exemplo, milhões de mensagens com intuito de travar ou tornar lento o sistema. [xxiii]

O "ether" a criptomoeda seria o gás, ou seja, o combustível para movimentar a Ethereum (a blockchain).O nome éter (ether) foi inspiração da ficção científica, com base em teoria científica do século XIX de que o éter é o substrato do universo, o meio pelo qual viajam as ondas de luz. [xxiv]

Com toda esses pensamentos em mente, Vitalik abriu o seu laptop e escreveu o White Paper da Ethereum denominado " The Ultimate Smart Contract and Decentralized Application Platform"[xxv] Nele deixou expresso que a Ethereum não é apenas um outro projeto de Bitcoin, mas sim o mais ambicioso projeto de criptoativos desde o Bitcoin.[xxvi] A Ethereum seria um computador que poderia estar em vários nós de uma enorme rede global enorme, na qual poderia ser processada qualquer coisa por um número ilimitado de pessoas, de forma contínua e sem qualquer interferência. [xxvii]Não por outra razão a obra de Camila Russo sobre a história do Ethereum é intitulada de *Infinity Machine*, ou seja, a máquina infinita.

Nesta máquina seria possível escrever qualquer tipo de código computacional [xxviii]e criar os mais diversos criptoativos, em forma do que chamou de *smart contracts*.

Vitalik partiu da ideia de que como era possível numa blockchain ser armazenada, num espaço (criptografado em forma de *hash*), uma criptomoeda (como o bitcoin, por exemplo), por que não abrir um outro espaço nesta mesma estrutura para armazenar um código computacional executável, o qual denominou de s*mart contract*.[xxix]

Na Ethereum o código é executado numa plataforma chamada Ethereum Virtual Machine (EVM). O smart contract fica registrado na blockchain da Ethereum, e quando executado nela são validadas as etapas responsáveis pelo resultado. O código, que denominou de contrato inteligente, vai ser executado como programado, podendo ser nele acordado qualquer combinação.

Mais um aspecto inovador do Ethereum é que dois tipos de entidades poderiam enviar e receber transações. A primeira, sem surpresas, as pessoas; a segunda a intrigante, os contratos, que ganhavam vida autônoma. A Ethereum podia permitir transações entre duas pessoas, entre uma pessoa e um *smart contract*, e entre dois *smart contracts*. [xxx]

O conceito de *Smart Contracts* é mais antigo que o surgimento da primeira blockchain. Foi o jurista e especialista em criptografia Nick Szabo quem o introduziu no artigo *Smart Contract Glossary* em 1994, e depois o elaborou mais detalhadamente no trabalho denominado "*Formalizing and security relationships on public networks*", de 1997. [xxxi] Sua abordagem se baseava no questionamento que se o mundo encaminhava para a forma digital não havia razão para a celebração dos acordos ainda ser centrada no papel, cuja tecnologia era do século XV. Percebeu a necessidade de avançar para uma maneira de celebrar contratos, concatenada aos novos tempos, a qual denominou de S*mart Contracts*. Basicamente, segundo a sua visão *smart contracts* é um acordo, inserido num código computacional, cuja pretensão se não atendida seria executada conforme combinado pelas partes.[xxxii] O sistema eliminaria a necessidade de pagar e confiar em uma terceira parte como auditores, contadores, advogados, notários públicos, uma vez que os acordos são executados através de um programa de computador.

O *Smart Contract* era somente uma ideia abstrata de como poderiam ser os contratos no futuro, quando Vitalik descobriu uma maneira de implementá-los na vida real.

Com uma linguagem computacional mais avançada que a do Bitcoin e abrindo este outro espaço na blockchain para executar os códigos computacionais seria possível a concretização dos smart contracts. Registraria na blockchain e executaria tudo que fosse possível ser colocado numa estrutura "if"e "then". Por exemplo: se inserir no contrato que se um avião atrasar vinte minutos o passageiro receberá um reembolso, verificado o atraso o passageiro será reembolsado. O passageiro não precisará ir aos sistemas de ajuda aos clientes da empresa, ou ingressar com uma ação na justiça, o que traz muitas facilidades. Ele receberá o pagamento, de forma autoexecutável, dentro do contrato. Essa nova realidade é muito mais eficiente que a existente no mundo jurídico tradicional. O *enforcement* já vem embutido no contrato.

É de se notar que a forma como a expressão *smart contract* foi utilizada por Vitalik Buterin pode se encaixar ou não no conceito de *smart contracts* criado por Nick Szabo. Isto pois, Nick Szabo utilizou esta expressão para execução de cláusulas contratuais (acordos automatizados) e Vitalik Buterin denominou de *smart contract* o código computacional que pode ser armazenado e executado na blockchain, servindo tanto para tarefas bem simples, como mero armazenamento de um dado (sem haver interação entre qualquer pessoa ou com outro endereço na blockchain) como também para realizar atividades mais complexas, como a execução de cláusulas contratais da forma conceituada por Nick Szabo. Em razão desta última possibilidade Vitalik acabou por denominar toda a aplicação decorrente do armazenamento e execução deste código computacional de *smart contract*.

Os *smart contracts* portanto podem ser vistos de duas maneiras. Uma, a mais restrita e complexa (a que se atêm ao conceito de Nick Szabo) que é relacionada a uma implementação de um contrato ou a uma cláusula contratual autoexecutável. E a segunda a mais ampla, a que engloba a primeira, mais também aquela que se relaciona a ideia de Vitalik Buterin em enxergar a blockchain como uma estrutura para armazenar e validar execuções de qualquer código computacional.

Vitalik queria uma simplicidade radical para que os *smart contracts* pudessem concretizar qualquer coisa que o programador quisesse. Disse Vitalik: "Tudo é um contrato". Isso significava que usuários poderiam criar na Ethereum novas criptoativos ou derivativos ou seguros agrícolas, ou mecanismo de cotas para governos. Afirmou " The sky(net) is the limit[xxxiii] , ou seja o céu era o limite.

Deu muitos exemplos de aplicações que poderiam ser escritas na Ethereum, como moedas digitais, contratos de cobertura de risco de investimento, sistema de domínio de nomes, sistema de reputação, movimentação de fundos de corporações através de um definido quórum de investidores, e estrutura para redes sociais. Ainda seria possível implantar seguros agrícola em decorrência de condições climáticas, automatização de pagamentos de título, além de empresas farmacêuticas poderiam autenticar elementos químicos compostos nos medicamentos. Disse ademais, que apostas e previsões poderiam ser confiadas e verificadas sem uma autoridade central, eliminando suspeitas de favorecimentos, bem como empresas poderiam ser codificadas e automatizadas tornando uma corporação autônoma descentralizada. [xxxiv] A sua visão era construir um computador mundial, como afirmou Camila Russo[xxxv], que tornaria o mundo mais eficiente e justo.

Depois de finalizado, no dia 27 de novembro de 2013, remeteu o seu escrito para um grupo seleto de pessoas.[xxxvi] Sem ideia de como seria recebido, ficou entusiasmado com a excelente recepção, até porque para a implementação do projeto precisaria de colaboradores, pois não tinha conhecimento e habilidade técnica para construir tudo sozinho. [xxxvii]

Vitalik se uniu a Gavin Wood, Jeffrey Wilcke, Anthony Di Iorio, Charles Hoskinson, Mihai Alisie, Amir Chetrit e Joe Lubin para criarem a blockchain do Ethereum[xxxviii]. Formaram um grupo de desenvolvedores, programadores e empreendedores que se instalou grande parte do tempo em Zug na Suiça. [xxxix].

Uma peça chave que faltava no mundo cripto era uma exchange descentralizada, cuja ideia já vinha sendo elaborada por Dan Larimer, cuja objetivo era permitir usuários negociarem criptoativos sem haver um terceiro responsável para o depósito de fundos. Uma exchange descentralizada tornaria o mercado de cripto forte e imune a influência externa[xl].

Dan Larimer também juntamente com seu pai Stan Larimer já havia apresentado dois artigos[xli] onde apresentaram o conceito de DAO (*Decentralized Autonomous Organization*), que são as organizações autônomas descentralizadas. Uma DAO é uma organização movida por um computador, onde as tarefas do empreendimento são estabelecidas por programas de computador com o mínimo envolvimento humano. E a Ethereum seria a base ideal para que fosse construída, pois as decisões e a fluição de fundos se dariam de forma transparente, incensurável e imutável.

Portanto além de tornar mais efetiva atividades econômicas tradicionais, a blockchain ainda seria base para o desenvolvimento de novos conceitos, como as exchanges decentralizadas e as DAOs, além de outras que nem eram imaginadas na época da fundação da rede, como os NFTs (tokens não fungíveis).[xlii]

Quando questionado Vitalik sobre as possibilidades da Ethereum dizia que iria revolucionar tudo, desde torradeiras até bancos governos, e que será tão forte que poderá ser nela construída qualquer coisa que pudesse ser concebivelmente construído. [xliii] Afirmava que não era possível prever tudo que seria construído na Ethereum, mas a perspectiva era que seriam aplicações decentralizadas e imparáveis. [xliv]

A ideia da Ethereum foi apresentada ao público no dia 26 de janeiro de 2014, em Miami, na North American Bitcoin Conference. Vitalik subiu ao palco [xlv] e disse que a Ethereum, em vez de ter muitos recursos seria simples, sem ferramentas, mas com uma programação de linguagem. Apresentou a base já enunciada aqui sobre a ideia do bloco de legos e o "gás" que seria o ether, que é correspondente a um carimbo ou selo preciso para uma carta, ou gasolina para abastecer um carro. E como tal como um selo ou gasolina o ether não faria parte da categoria dos valores mobiliários (*securities*); era, por outro lado um produto, podendo ser comprado e vendido, como qualquer outro bem de consumo.[xlvi]

Como havia escrito no whitepaper ele delineou as possiblidades do uso da rede do Ethereum, seguros agrícolas, exchanges decentralizadas e as DAOs. [xlvii]

Como o projeto em desenvolvimento, em abril de 2014 [xlviii]Gavin Wood programador da linguagem computacional usada na Ethereum escreveu o chamado *Yellow Paper* da Ethereum. É um artigo com densidade técnica e complementar ao whitepaper que foi escrito por Vitalik. Enquanto o *whitepaper* descreve o conceito do Ethereum e a sua base fundacional, o *yellow paper* esmiuça o projeto de forma a servir como guia técnico para desenvolvedores que queiram construir uma implementação na rede. [xlix]

Mas além da parte técnica Gavin Wood apresentou ideias sobre um plano macro de como que a tecnologia blockchain devia ser constituída. Neste momento ele vê as redes descentralizadas como ferramentas para construir a nova versão da internet, a Web 3 – que foi assim cunhada em 2006, por um artigo do New York Times. Enquanto a Web 1, é aquela dos anos 1990s, em que o usuário é apenas consumidor passivo de informações, na WEB 2 ele já gera conteúdo, indexa pesquisas, sendo o seu principal símbolo as redes sociais. A Web 3 se baseia no conceito da web semântica, ou web de dados que pode ser processado por máquinas, inteligência artificial, machine learning, e data mining. Mas ao lado de todas essas funcionalidades, a versão da Web 3 pensada por Gavin Wood tem a ver com permitir que as pessoas interajam sem precisar confiar uma na outra, numa forma *peer-to-peer,* numa rede sem servidores e sem autoridades para manejar o fluxo da informação, sendo o valor do conteúdo efetivamente desferido ao criador, e não a terceiros. A Ethereum poderia ser o instrumental para que essa visão de Web 3 tornasse realidade.[l]

Ainda no yellow paper Gavin levantou algo relevante, sobre como a estrutura da blockchain poderia se relacionar com o sistema de justiça. Disse que lidando como o sistema proposto serão encontrados atributos que não são frequentemente vistos no mundo real. O primeiro, a incorruptibilidade de julgamento, que é possível diante da neutralidade e o desinteresse do algoritmo interpretador. O segundo, a transparência, ou seja, a capacidade de se ver exatamente o procedimento, e o sequenciamento de atos que levarão a certo resultado. O julgamento que tem como suporte códigos de instrução, por logs de transação e regras computacionais, afastaria a vagueza, velhos vieses, preconceitos naturais do sistema humano difíceis de mudar.[li]

Mas se a rede de computadores se tornar julgadores e júris, a forma que humanos interagem com os demais poderia radicalmente mudar? E não seria muito estranho que uma rede global de computadores decidisse conflitos humanos? Ao responder esses questionamentos, Gavin Wood via limites para o que seria possível ser julgado por essa rede de computadores. Somente disputas simples, por ora. Apenas questões que necessitassem de dados mais objetivos, em que os inputs correspondessem com clareza a informação real, como por exemplo, uma questão envolvendo seguro, que necessita apenas de poucos dados, como respostas simples a perguntas: " houve acidente?", "a situação está coberta pelo seguro?" " Houve um terremoto". Conflitos mais complexos, como um divórcio não seria possível ser objeto de julgamento numa blockchain. A rede entraria em curto circuito, e dificilmente um algoritmo desinteressado conseguiria navegar nos desafios da infidelidade ou de abuso familiar. Mas isso a curto prazo, pois o a longo seria possível ampliar as possibilidades. [lii]

Com as ideias sedimentadas tanto no *whitepaper* de Vitalik Buterin, e o yellow paper de Gavin Wood, a concretização do projeto andava a todo vapor.

E, em 22 de julho de 2014 iniciaram a venda dos tokens da Ethereum, que se deu em forma de crowdsale (ICO) [liii]. Neste mesmo mês, o brasileiro Alex Van de Sande auxiliava a equipe desenvolvendo uma interface para o usuário e para a criação de wallet (carteira) para a Ethereum. Por sua vez Christian Reitwiessner, Liana Husikyan e Gavin Wood trabalhavam na criação da linguagem computacional para os *smart contracts*, a qual foi denominada de Solidity. [liv]

Enfim, no dia 30 de julho de 2015 a blockchain da Ethereum entrou em operação. [lv]

Uma das primeiras aplicações foram apostas, por exemplo, se Donald Trump venceria ou não as eleições de 2020, e receberia criptomoeda baseado no resultado, pela plataforma Augur.[lvi]

Rune Christensen com a ideia de criar uma stablecoin, empolgado com a infraestrutura da Ethereum, criou o projeto chamado MakerDao. A proposta da criptomoeda estável, sem volatidade, e atrelado ao dólar era para que as pessoas interagissem com as aplicações a Ethereum sem ter que ser preocupar com a volatilidade do ether; [lvii] seria ela gerida por uma DAO.

A ideia de DAOs, em 2015, estava por todos os lados no mundo da blockchain. Elas se encaixam perfeitamente na visão futurística e libertária que moveu os primeiros idealizadores das blockchains. Elas tem força para substituir os antigos e empoeirados bancos e muito das intervenções humanas, que normalmente são corrompíveis e gananciosos. A tecnologia blockchain tem o condão de deixar que as decisões sejam codificadas em programas de computadores. As regras da organização são colocadas nesses códigos e as tarefas executadas de forma aberta e conforme planejado. Nenhuma parte isolada pode modificar ou desligar o programa. Dizia Dan Larimer que DAO's não precisam de regulação, e ninguém quer regulá-las, aliás ninguém pode.[lviii]

A maior virtude da blockchain da Ethereum é a potencialidade de se fazer quase tudo que se deseja dentro de um universo descentralizado. E quando se diz quase tudo inclui-se, obviamente, fatos da vida humana que tenham relevância jurídica, como contratos, cumprimentos de obrigações, titularidade de bens, propriedade, gestão de organizações, questões financeiras e soluções de conflitos tanto no mundo físico tradicional como também aqueles próprios do campo digital.

Em seus primeiros anos a Ethereum vem cumprindo o seu papel primordial, alavancando a eliminação do intermediário, com a implementação de relações de confiança entre desconhecidos de forma descentralizada.

A Ethereum mostrou ao mundo que há maneira alternativa de organizar instituições, comunidades, empresas e até governos. Mas descentralização não é apenas como uma rede de computador é montada, ou como é organizada. É sobre dados e quem os controla. Sistemas descentralizados tem o condão de tirar os dados das corporações tradicionais que os manejam sem o controle ou consentimento dos usuários. Esta é a força do Ethereum. Deletar o middleman, ou seja, o homem do meio. [lix]

"Venha abaixo a centralização" – disse Gavin Wood certa vez no podcast Third Web.[lx] A ideia desta nova sociedade já havia sido prevista por Lawrence Lessig, em sua obra *Other Laws of Cybersapce*, nos anos 1990, que se tornou referência ao mundo das blockchains. Nele, o professor de Harvard, e criador do

Creative Commons levantou que a internet para não perder o seu potencial não deveria ter um dono, ou ser controlada por grupos, pois pertencendo a alguém, a regulamentação estatal seria mais fácil, e sem um dono mais difícil. Por sua vez, o comando deveria vir por consenso da maioria ordenado por códigos computacionais, criando-se nova ordem jurídica e social. Neste novo espaço – o digital – utopias para o espaço real tradicional poderiam ser realizadas: liberdade sem anarquia, controle sem governo e consenso sem força. Nas palavras do seu manifesto, que definiu o ideal de uma geração, da qual faz parte Vitalik Buterin e Gavin Wood, Lessig diz: "Nós rejeitamos reis e presidentes. Nós acreditamos no consenso e no rodar do código computacional" [lxi]

3. REPERCUSSÃO NA JUSTIÇA

Diante das possibilidades infinitas, traz também a Ethereum uma nova maneira de se alcançar à justiça.

Levar a busca de justiça para a blockchain é algo inovador, significa o encaminhamento para um centro de poder não privado e nem estatal, mas descentralizado, não concentrado em um só grupo ou pessoa, mas disperso em todos aqueles que pretendem colaborar na construção daquele protocolo.

A justiça descentralizada é construída sob a estrutura dos *smart contracts*.

Nos *smart contracts* o conteúdo do acordo é transmutado para a linguagem informática com capacidade de fazer com que a execução (*enforcement*) dos compromissos assumidos se dê de forma automática. Na operação que enseja a execução do que foi negociado não há intercessão da justiça pública. Uma das maiores virtudes dos contratos inteligentes é automatizar a execução de um acordo sem a intervenção humana. Isto acarreta vantagens, como a redução de custos, aumento de segurança e confiança aos contratantes e ao mercado, e ainda diminui espaço para fraudes, advindas do comportamento humano.

O *technological enforcement* é visto como a grande característica dos *smart contrats*. A sua automática execução afasta a necessidade de o Poder Judiciário intervir para fazer com o que o contrato seja cumprido.

Também no universo da blockchain despontam outras formas de solucionar conflitos[lxii] Ao codificarem um *smart contract* (um código computacional que executa o que for combinado pelas partes), como exemplo, além das partes estabelecerem as regras do contrato, podem estabelecer que em caso de desacordo haverá o encaminhamento para uma plataforma descentralizada de solução de disputas. É o que já faz a plataforma de solução de conflitos denominada a Kleros.[lxiii]

Após o caso chegar nesta plataforma, que faz parte da Ethereum, jurados analisarão os fatos e decidirão quem tem ou não a razão. Para ser jurado basta ter o *token* denominado PNK e depositá-lo numa das cortes da plataforma a qual pretende atuar. Existem cortes especializadas por matéria (como por exemplo uma própria para questões envolvendo e-commerce). O número de jurados varia conforme a natureza do caso. Se o voto do jurado estiver conforme a maioria este receberá os *tokens* depositados no contrato, e se estiver desconforme perderá seus *tokens*. É um julgamento com base na teoria dos jogos. Quem vota conforme a maioria é premiado, e quem vota desconforme é penalizado.[lxiv] É uma forma diferente de estruturar justiça como tradicionalmente se faz.

É neste contexto da Justiça descentralizada nas blockchains pesquisadores como Aaron Wright e Primavera De Filippi[lxv], trazem à lume o que denominam de *Lex Cryptografia*, originada da difusão do *blockchain* somada a implementação de sistemas descentralizados. Para eles haverá a ascensão de regras administradas por contratos inteligentes autoexecutáveis, da mesma forma que o *blockchain* tornou transações de *bitcoins* irreversíveis, invioláveis, a partir de uma rede independe e descentralizada. Isto pode ser ampliado, fazendo surgir uma nova ordem "jurídica" fora do Estado.

4. CONSIDERAÇÕES FINAIS

A ideia dos *smart contracts* e a sua implementação não ficou restrita à blockchain da Ethereum. Atualmente existem diversas blockchains que englobam esta tecnologia, como a *Polkadot, Elrond, Avalanche, Solana* entre outras. Cada vez mais são aprimoradas e aplicadas novas funcionalidades ao universo das blockchains. As NFTs, as operações financeiras descentralizadas (DEFI) e as DAOs são exemplos de invenções insipientes neste espaço onde há muito mais a acontecer.

Este trabalho se concentrou na história da primeira blockchain que implantou os smart contracts: a Ethereum. A Máquina Infinita, como diz Camila Russo. Atenção ao que dela virá. Os fatos estão diante de todos, movimentam-se de forma impactante sobre as estruturas tradicionais da sociedade. Cabe ao Direito e aos demais campos do conhecimento, certamente, acompanharem.

A Ethereum não se limita às ferramentas preexistentes de um canivete suíço. Com as peças certas encaixadas no campo correto pode conceber qualquer coisa. É potencia, não é possível descrever tudo que pode fazer, o seu limite é a imaginação humana.

REFERÊNCIAS

CAMPBELL- VERDUYN, Malcolm. *Bitcoin and Beyond: Cryptocurrencies, Blockchains, and Global Governance* (RIPE Series in Global Political Economy), London: Routledge, 2017.

DE FILLIPI, Primavera, WRIGHT, Aaron. *Blockchain and the Law: The Rule of Code.* Cambridge, Massachusetts: Harvard University.

FORTNOW, Matt. TERRY, QUHARRISON. *The NFT Handbook: how to creat, sell and buy non-fungible tokens.* New Jersey: Wiley, 2022.

LEISING, Matthew. *Out of Ether.* New Jersey: Wiley, 2021.

RUSSO, Camila. *The Infinite Machine: How na Army of Crypto-Hackers is building the Next Internet with Ethereum.* New York: Harper Collins Publishers, 2020.

SHIN, Laura. *The Cryptopians: idealism, Greed, Lies, and the Making of the First Big Cryptocurrency Craze.* New York: PublicAffairs, 2021.

SOARES, Matheus Vargas Porto em: https://www.conjur.com.br/2022-mar-17/porto-soares-smart-contracts-aplataforma-kleros. Acesso em 20/03/2022.

SZABO, Nick. *Formalizing and Securing Relationships on Public Networks.* https://perma.cc/EWU2-VM35: Acesso em 08 de março de 2022.

TAPSCOTT, Don e TAPSCOTT, Alex. *Blockchain Revolution.* São Paulo: São Paulo: Editora Senai-S

i TAPSCOTT, Don e TAPSCOTT, Alex. *Blockchain Revolution*. São Paulo: São Paulo: Editora Senai-SP, 2018, p. 41.
ii Cf. https://nakamotoinstitute.org/trusted-third-parties/ Acesso em 18 de março de 2022.
iii Cynthia Dwork e Moni Naor inventaram a ideia de prook of work em 1993, para reduzir spam de e-mails. Esse conceito foi depois adotado para cripto ativos por pessoas como Adam Bach, e o mais famoso Satoshi Nakamoto no seu desenho para o bitcoins. Cf. LEISING, Matthew. *Out of Ether*. New Jersey: Wiley, 2021, p. 43.
iv DE FILLIPI, Primavera, WRIGHT, Aaron. *Blockchain and the Law: The Rule of Code*. Cambridge , Massachusetts: Harvard University, p. 18.
v LEISING, Matthew. *Out of Ether*. New Jersey: Wiley, 2021, p. 4
vi LEISING, Op. cit., prólogo.
vii Cf: https://www.economist.com/special-report/2015/05/07/the-next-big-thing Acesso em 10/03/2022.

viii Apud. CAMPBELL- VERDUYN, Malcolm. *Bitcoin and Beyond: Cryptocurrencies, Blockchains, and Global Governance* (RIPE Series in Global Political Economy), London: Routledge, 2017.
ix LEISING, Matthew. *Out of Ether.* New Jersey: Wiley, 2021, p. 8.
x LEISING, Matthew. *Out of Ether.* New Jersey: Wiley, 2021LEISIG, p 88.
xi RUSSO, Camila. *The Infinite Machine: How na Army of Crypto-Hackers is building the Next Internet with Ethereum.* New York: Harper Collins Publishers, 2020, p. 40.
xii RUSSO, Camila. Op. cit.,, p. 43-44.
xiii (Camila Russo p.45)
xiv LEISING, Matthew. *Out of Ether.* New Jersey: Wiley, 2021, p. 89
xv LEISING, Op. cit., p. 90.
xvi LEISING, Matthew. *Out of Ether.* New Jersey: Wiley, 2021, p.89.
xvii SHIN, Laura. *The Cryptopians: idealism, Greed, Lies, and the Making of the First Big Cryptocurrency Craze.* New York: PublicAffarir, 2021, p. 18.
xviii SHIN, Laura. Op. cit, p. 34.
xix LEISING, Op.cit, p.90
xx LEISING, Op.cit., p.90.
xxi LEISING, Op. cit, p.110.
xxii RUSSO, Camila. Op.cit., p. 64
xxiii LEISING, Op. cit., p. 110.
xxiv SHIN, Laura, Op. cit., p.20.
xxv RUSSO, Camila. Op.cit, p. 55.
xxvi RUSSO, Camila. Op.cit., p. 57
xxvii RUSSO, Camila, Op.cit., p. 59.
xxviii RUSSO,Camila. Op. cit., p.64.

xxix Pode se conceituar smart contracts como um código que se executa automaticamente quando um conjunto de regras predefinidas é atendido" (RUSSO, Camila. *The Infinite Machine: How na Army of Crypto-Hackers is building the Next Internet with Ethereum.* New York: Harper Collins Publishers, 2020, p. 43).
xxx SHIN, Laura. Op. cit, p. 21.
xxxi Szabo Nick *Formalizing and Securing Relationships on Public Networks*. https://perma.cc/EWU2-VM35: Acesso em 08 de março de 2022 . Segundo ele smart contracts seria "a set of promises, including protocols within which the parties perform on the other promises. The protocols are usually implemented with programs on a computer network, or in other forms of digital electronics, thus these contracts are "smarter" than their paper-based ancestors. No use of artificial intelligence is implied."
xxxii The Idea of Smart Contracts de 1997. "Smart contract: A set of promises, including protocols within which the parties perform on the other promises. The protocols are usually implemented with programs on a computer network, or in other forms of digital electronics, thus these contracts are "smarter" than their

paper-based ancestors." Nick Szabo.
xxxiii LEISING, Op.cit., p. 111.
xxxiv LEISING, Op.Cit., p 111
xxxv RUSSO, Camila, Op.Cit., p. 66.
xxxvi LEISING, Op,Cit., p. 112. RUSSO, Camila, Op. Cit., p 112.
xxxvii RUSSO, Camila. Op. cit., p. 55.
xxxviii RUSSO, Camila. Op. cit., p 71.
xxxix SHIN, Laura. Op. cit., p. 36.
xl RUSSO, Camila. Op. cit, p. 71.
xli Na LetstalkBitcoin em setembro de 2013. Cf. RUSSO, Camila. Op.cit., p. 72.
xlii Cf. FORTNOW, Matt. TERRY, QUHARRISON. *The NFT Handbook: how to creat, sell and buy non-fungible tokens.* New Jersey: Wiley, 2022.
xliii RUSSO, Camila. Op. cit., p. 81.
xliv RUSSO, Camila. Op. cit., p. 82.
xlv RUSSO, Camila. Op. cit., p.88.
xlvi SHIN, Laura. Op. cit., p. 72.
xlvii LEISING. Op. cit., p. 129.
xlviii RUSSO, Camila. Op. cit., p.113.
xlix LEISING. Op. cit., pp180-181
l RUSSO, Camila. Op. Cit., p. 113.
li LEISING, Op. Cit., p 181
lii LEISING. Op. Cit, p. 182.
liii RUSSO, Camila. Op. cit., p. 133
liv RUSSO, Camila. Op. cit., 147.
lv RUSSO, Camila. Op. cit., p. 154.
lvi RUSSO, Camila. Op. cit., p. 170.
lvii RUSSO, Camila. Op. cit.,p. 173/174.
lviii RUSSO, Camila. Op. cit., p. 174.

lix LEISING, Op. cit., p. 67.
lx LEISING, Op. cit., p. 70.
lxi LEISING, Op. cit., p.71.
lxii https://www.frontiersin.org/articles/10.3389/fbloc.2021.564551/full .Acesso em 30 de março de 2022. Acesso em 08/03/2022: https://www.youtube.com/watch?v=ZD1N76ywItU.
lxiii https://kleros.io/ Acesso em 18/03/2022.
lxiv Conforme explica SOARES, Matheus Vargas Porto: https://www.conjur.com.br/2022-mar-17/porto-soares-smart-contracts-aplataforma-kleros. Acesso em 20/03/2022.
lxv DE FILLIPI, Primavera, WRIGHT, Aaron. *Blockchain and the Law: The Rule of Code.* Cambridge , Massachusetts: Harvard University.

www.ingramcontent.com/pod-product-compliance
Lightning Source LLC
Chambersburg PA
CBHW050324220526
45465CB00005B/2119